K. Fischer

Anleitung zur Erziehung und Pflege des Weinstocks am Spalier

K. Fischer

Anleitung zur Erziehung und Pflege des Weinstocks am Spalier

ISBN/EAN: 9783743412187

Hergestellt in Europa, USA, Kanada, Australien, Japan

Cover: Foto ©Andreas Hilbeck / pixelio.de

Weitere Bücher finden Sie auf **www.hansebooks.com**

Anleitung

zur

Erziehung und Pflege

des

Weinstocks am Spalier.

Von

K. Fischer,

pensionirter Pfarrer zu Kaaden in Böhmen, Mitglied mehrerer
landwirthschaftlichen Vereine.

Berlin,
E. Schotte & Comp.
1861.

Vorwort.

Der Wein ist unter allem Obste das edelste; er dient zur Erquickung, zum Labsal für Gesunde und Kranke im frischen Zustande vom Stocke weg und gewährt ein herrliches Compot für Jahreszeiten, wenn der Weinstock keine reifen Trauben trägt.

Während von Vielen die Obstbaumzucht nicht betrieben werden kann, weil es zur Anlegung der Obstbäume an dem nöthigen Grund und Boden fehlt, kann der Weinbau von Jedem ausgeführt werden, welcher ein Häuschen, eine Mauer, eine Planke sein eigen nennen kann, und nicht blos in den südlichen wärmeren Gegenden ist die Gelegenheit zur Anzucht des Weinstockes am Spalier gegeben, sondern auch in den nördlichern rauhern Gegenden kann man den Spalier-Weinbau mit Erfolg betreiben, wenn man die geeignetsten Weinsorten auswählt und den Weinstock angemessen zu behandeln versteht.

Eine Anleitung dazu habe ich in diesem Schriftchen niedergelegt, von dem ich wünsche, daß es in die Hände aller derer kommen und von denselben beherzigt werden möge, welche in der Lage sind, Wein an Spalieren bauen zu können. Der Inhalt des Schriftchens ist aus eigener langjähriger Erfahrung hervorgegangen.

Kaaden im März 1861.

K. Fischer.

Inhalt.

	Seite
Einleitung	5

Die Erziehung des Weinstocks.

Auswahl der für rauhere Gegenden geeigneten Rebensorten	7
Lage für den Weinstock	8
Boden für den Weinstock	9
Fortpflanzung des Weinstockes	10
Behandlung der Stecklinge und Ableger im ersten Jahre	13
Versetzen der Stecklinge und Ableger	14
Behandlung der Stecklinge und Ableger im ersten Jahre nach dem Versetzen	15
Weitere Behandlung des Weinstockes	16
Das Geländer	17
Was fängt man mit den drei empor gezogenen Reben an?	18
Gestalt des Weinstockes im folgenden Herbste	19
Behandlung aller dieser Triebe	22
Etwas zur Kenntniß der Augen am Weinstocke	24
Weitere Erziehung des Weinstockes	26
Eine andere, vielleicht noch zweckmäßigere Methode, den Weinstock zu erziehen	29, 31
Ferneres Wachsthum und Behandeln des in voriger Nummer in Ordnung gebrachten Weinstockes durch den Sommer	32
Welches Gesicht wird der Weinstock im Herbste haben?	33
Wie kann man den Weinstock noch ein- bis zweimal so hoch ziehen?	33
Ein besonderer Fall	35
Den Weinstock ohne Rückwand und ganz frei stehend zu erziehen	35
Noch eine andere Methode, den Weinstock im Freien ohne Wand zu erziehen	38
Die beste Zeit, den Weinstock zu beschneiden	39
Was ist vom Ausblatten zu halten?	41
Einige nachträgliche Bemerkungen über den Weinstock und dessen Behandlung	43

Einleitung.

Ich schreibe hier nicht für die Besitzer von Weinbergen in Gegenden, wo der Weinbau blüht, weil er vom Klima begünstigt wird. Diese verstehen sich auf die Weinkultur besser als ich, und ich würde zu ihnen in die Schule gegangen sein, um von ihnen etwas zu lernen, wäre ich in der Nähe, wo die Kultur der Rebe als landwirthschaftlicher Zweig betrieben wird.

Wenn auch unser rauheres Klima die Weinkultur im größeren Maßstabe versagt, indem sie nie zu einem rentirenden landwirthschaftlichen Zweige werden kann, so können wir doch an Mauern sowohl als auch in freien, sonnigen Lagen dem rauheren Klima reife Trauben abnöthigen, wenn wir es nur geschickt anzufangen wissen.

Wir werden es zwar nie dahin bringen, Trauben in solcher Menge und Güte zu erzeugen, daß wir uns davon ein Getränk bereiten können, wir müssen uns vielmehr glücklich schätzen, wenn wir nur genießbare Trauben an einigen wenigen Stöcken erziehen. Bis dahin können wir es selbst in unserem rauheren Klima bringen, wenn wir nur die passenden Reben wählen.

Wollen wir einen Wein zum Getränke, so können wir auf eine eben so billige als schnelle Weise dazu gelangen, wenn wir unser Obst dazu verwenden. Der Trank daraus wird jenem aus der Traube bereiteten nicht viel nachstehen, im Ge=

gentheile ihn oft noch übertreffen, wenn das Klima die Weinkultur nicht begünstigt und wir es nur verstehen, den Obstwein von dazu besonders tauglichen Früchten auf die beste Weise zu bereiten.

Mir that es immer wehe, wenn ich sah, daß so Viele in unserer Gegend sich mit der Erziehung des Weinstockes abmühen und doch nichts oder nicht viel zuwege bringen. Nicht Wenige giebt es, welche ihren Weinstock aus Unkenntniß so behandeln, daß er endlich ganz verwildert aussieht und nur wenig und schlechte Trauben hervorbringt. Andere haben wohl eine Anzahl von Trauben an ihren Stöcken, sie sind nahe daran, zu reifen, man will die Reife befördern und sucht den Trauben mehr Sonne zu geben, indem man einen Theil der Blätter dem Stocke abnimmt, und siehe da, alle Freude wird zu Wasser, die Trauben werden statt weich immer härter. Der Eine klagt, daß er Trauben habe, die nur selten einmal reif werden, einem andern erfriert wieder der Weinstock bis auf die Wurzel; kaum hat er ihn wieder empor gebracht, so tritt wieder derselbe Fall ein.

Soll man da in unserem rauheren Klima nicht allen Muth verlieren, seine Mühe an einen Weinstock zu verwenden?

Es kann nicht geleugnet werden, daß bei uns der Weinstock mit vielen Uebelständen zu kämpfen hat, die von dem rauheren Klima herrühren; aber eben so sehr muß zugestanden werden, daß von Seite des Menschen diese Uebelstände noch vergrößert werden durch eine unzweckmäßige Behandlung des Weinstockes. Ein geschickte Hand weiß den Weinstock und dessen Früchte auch gegen die Ungunst des Klimas in Schutz zu nehmen. Einen Beweis dafür liefert der Umstand, daß man mich allgemein um meine reichen und schönen Ernten von der Rebe beneidete.

Deshalb habe ich mir vorgenommen, dasjenige, was ich als kleiner Landwirth in Bezug auf die Behandlung des

Weinstockes in unserm rauheren Klima lernte und mit Glück versuchte, auch andern kleineren Landwirthen mitzutheilen. Es wird freilich wenig sein, was ich darbieten kann, aber ich hoffe, daß es genügen werde, wenn man es nur anwendet. Zum wenigsten reichte es für mich hin und verschaffte mir große Freude.

Es ist doch ein eigenes Vergnügen, selbst gezogene Trauben auf den Tisch bringen zu können. Die Traube ist nicht nur die edelste, sondern auch die gesundeste Frucht. Wir haben Wände von Holz, Stein und Lehm genug für die Traube, wo sie höhere Wärme und Schutz gegen kalte Winde findet. Warum sollten wir ihr diese Wände nicht gönnen, wenn sie uns dafür lohnt? Ein nicht zu übersehender Dienst, welchen die Rebe uns an unsern Wänden leistet, ist selbst die Zierde ihres Laubes, mit welchem sie manches Widrige zu bedecken sucht.

Also wage es nur Jeder, nach der folgenden Anleitung einige Weinstöcke zu pflegen; sie werden ihm den Dank dafür gewiß nicht schuldig bleiben!

Die Erziehung des Weinstocks.

1. **Auswahl der für rauhere Gegenden geeigneten Rebensorten.**

Von einer Wahl ist gewöhnlich gar keine Rede, man greift unvorsichtig nach der ersten besten Sorte, deren man habhaft werden kann; man glaubt, es genüge, wenn man nur einen Weinstock habe, der müsse auch Trauben tragen. Oder man sieht irgendwo eine Traube von ungewöhnlicher Größe, und alsogleich strebt man nach deren Besitz. Was nützt aber ein Rebstock, dessen Trauben vielleicht in 5—10 Jahren einmal zur Reife gelangen und dann noch ziemlich sauer sind?

Man sollte freilich wissen, daß es viele Hunderte von Sorten gibt und daß nicht alle für alle Gegenden, die aller=

wenigsten aber für rauhere Gegenden passen. Gerade die rauhesten Gegenden haben die strengste Auswahl nothwendig, wenn sie mit einigem Glücke einen oder mehrere Weinstöcke cultiviren wollen; allein daran denken nur Wenige.

Ehe man einen Weinstock pflanzt, forsche man erst nach, wo man eine Rebe erhalten könne, deren Trauben etwas zeitlicher reif werden, je zeitlicher, desto besser. An der Farbe und an der Größe liegt nichts. Man suche nur, und man wird Reben mit frühreifenden Trauben finden, und wenn nirgends anderwo, so doch bei einem herrschaftlichen Gärtner. Es gibt auch Kataloge von Sämereien und Pflanzen, welche die Handelsgärtner jährlich unentgeltlich versenden. In diesen Katalogen werden oft Reben von vielen Sorten zum Verkaufe angeboten; gewöhnlich werden auch einige Eigenschaften dabei angeführt. Wenn man auch einige Kreuzer dafür ausgeben muß, so hat man dabei doch gewonnen, falls man nur so glücklich war, eine Sorte zu erhalten, welche für unser Klima paßt.

Für unser rauheres Klima haben nur jene Traubensorten einen Werth, welche etwas zeitlicher reifen. Ich könnte wohl mehrere Sorten mit Namen nennen, welche sich durch eine frühere Reife auszeichnen, wenn ich nicht fürchten müßte, daß die Namen sehr veränderlich sind und man zu ihnen nicht viel Zutrauen haben kann. Zu den frühreifenden Sorten werden gewöhnlich gezählt: der kleine blaue Burgunder, der blaue und weiße Klevner, die blaue Magyarentraube, der frühe Gutedel, die Augusttraube, der grüne Sylvaner, der frühe blaue Portugieser, der Traminer, der schwarze und grüne Leipziger ꝛc.

2. Lage für den Weinstock.

Wenn man in den wärmeren Ländern sich um die Lage für den Weinstock weniger bekümmert, so hat man in unserem kälteren Klima doch sehr darauf zu achten. In obigen Ländern kommt der Wein in ganz freier ebener Lage und selbst in beträchtlichen Höhen fort; er gedeiht sogar unter Bäumen und liebt sogar etwas Schutz gegen die Sonne; in unseren kälteren Gegenden kann dagegen der Weinstock nicht genug Wärme erhalten. Soll er reife Trauben bringen, so verlangt er hinter seinem Rücken eine Wand, welche nicht nur die Einwirkung der Sonne verstärkt, sondern den Wein auch gegen die scharfe Luft schützt.

Die Wand soll daher eine Lage gegen Morgen oder gegen Mittag oder gegen eine Gegend zwischen beiden haben. Am besten ist es für den Wein, wenn er den ganzen Tag die Sonne hat.

Wir können es wohl auch wagen, einzelne Weinstöcke im Freien, ohne Wand zu pflanzen; aber der Wein wird nur in der Nähe des Bodens reif werden, und dies nur, wenn er eine frühreifende Sorte ist und hinreichende Sonne hat.

3. Boden für den Wein.

Der Weinstock liebt einen warmen, trocknen, hinlänglich lockeren und kräftigen Boden; namentlich ist für ihn zusagend eine Mischung von Kies und Steingerölle mit thonigem und mergeligem Grunde. Ist der Boden schwer und kalt, besteht er aus sehr bindendem Thone, so wird der Weinstock leicht krank und geht ein. Solchen Boden muß man mit Sand, sand- und kalkhaltigem Mergel oder gebranntem Kalk vermischen. Von Zeit zu Zeit erfordert der Weinstock reichliche Düngung, welche am besten aus fruchtbarer Erde, Blut, Hornspänen, Knochenmehl ꝛc. bestehen kann. Frischer Stallmist, zu nahe an die Wurzeln gebracht, ist schädlich; verwitterter Rindviehmist wirkt dagegen sehr gut, auch mit Wasser verdünnte Mistjauche; am dienlichsten ist eine aus allerlei Mischung bestehende Kom=

posterbe. In unserm kälteren Klima wird man durch einen kräftig gedüngten Boden das zu ersetzen suchen, was dem Klima abgeht. Wenn es der natürlichen Wärme nicht gelingt, die gehörige Triebkraft im Weinstocke hervorzubringen, so bleibt nichts übrig, als durch Kräftigung des Bodens die Wärme zu ersetzen.

4. Fortpflanzung des Weinstockes.

Wenn ich von der Fortpflanzung des Weinstocks spreche, so verstehe ich darunter die Erziehung neuer für sich bestehender Weinstöcke.

Man kann sich neue Weinstöcke erziehen durch Samen oder durch Stecklinge oder durch Ableger.

Ich kann die Vermehrung durch Samen nicht empfehlen, obwohl sie nach meinen Versuchen nicht so langsam vor sich geht, als man denken sollte, und obwohl man dadurch schöne und reichbewurzelte Stöcke erhält; allein man bekommt aus Samen nicht Stöcke, welche dieselbe Sorte von Trauben hervorbringen, wovon der Samen genommen wurde; man ist vielmehr in Gefahr, einen weit schlechteren und sehr spät reifenden Wein zu erhalten; die ganze Mühe wäre endlich eine vergebliche.

Die sicherste Fortpflanzung einer Sorte, welche wir wünschen, geschieht nur durch Stecklinge und Ableger.

Die Stecklinge macht man vom jüngsten Holze, an dessen unterem Ende auch noch ein Ansatz von älterem Holze sein kann. Man kann alle Jahre im Herbste oder Frühjahre, wenn der Wein geschnitten wird, Material genug bekommen, um davon Ableger zu machen; nur müssen die Reben gehörig ausgereift sein und nicht vom Froste gelitten haben; man wählt deswegen nicht die Spitzen von den abgeschnittenen Reben, sondern mehr die unteren Theile.

Man schneidet Stücke von 9—12 Zoll Länge, an welchen

sich 2—3 Augen befinden. Ein Auge muß oben, das andere unten am Stücke sich befinden.

Nun legt man jedes Stück in einen wohlgelockerten und kräftigen Boden etwas schief ein, so daß selbst das oberste Auge noch etwas mit Erde bedeckt ist. Der Boden wird feucht gehalten, was um so sicherer erreicht wird, wenn man ihn mit etwas Moos bedeckt. Das obere Auge wird bald treiben, und das Forttreiben ist ein Zeichen, daß auch das untere Ende Wurzel zu schlagen anfängt.

Man wird immer etwas mehr Stecklinge in die Erde legen, als man Weinstöcke braucht, weil einige doch nicht wachsen werden.

Der Steckling kann gleich an dem Orte in die Erde gelegt werden, wo man den künftigen Weinstock haben will. Man legt mehrere in die Erde und läßt nur denjenigen Steckling fortwachsen, welcher am meisten Lebenskraft zeigt. Man kann ihn aber auch vorher an einem besondern Orte erziehen und später erst auf den für den Weinstock bestimmten Platz versetzen.

Die Stecklinge nennt man auch Schnittlinge, wahrscheinlich, weil es geschnittene Stücke sind. Daß der Schnitt mit einem scharfen Messer geschehen müsse, versteht sich von selbst. Dies gilt besonders von dem untern Theile, welcher in die Tiefe kommt und Wurzel schlagen soll. Es ist rathsam, diesen unteren Schnitt so zu führen, daß seine Fläche ganz nach unten zu liegen kommt, weil er so leichter Wurzeln schlägt. Es kommen aber auch in der Regel an der Stelle, wo das Auge sich befindet, Wurzeln zum Vorschein.

Die Stecklinge führen noch die Namen Blindhölzer oder Bloßhölzer, weil sie ohne Wurzeln in die Erde gelegt werden.

Man will die Erfahrung gemacht haben, daß der Steckling desto besser wachse und eher Wurzel schlage, wenn an seinem untern Ende noch ein kurzes Stück von älterem Holze sich befindet. Es ist dies auch sehr wahrscheinlich, weil hier ein eigener Knoten sich befindet, welcher zum Wurzelschlagen besonders geeignet sein dürfte, doch ist dieses ältere Holz nicht absolut nothwendig zum Wachsthume des Stecklings; auch braucht man seine Zuflucht nicht zu jenen verschiedenen Künsteleien zu nehmen, welche man in älteren und neueren Zeiten für das bessere Wachsthum des Stecklings in Vorschlag brachte.

Etwas stärkerer Sandgehalt im Boden dürfte nebst hinreichender Feuchtigkeit auf die Entwickelung der Wurzeln günstig einwirken.

Die schnellste Vermehrungsweise geschieht durch Ableger, wozu man freilich einen vollkommenen Rebstock haben muß, von dem man nach allen Seiten hin auf einmal mehrere neue Weinstöcke erzeugen kann.

Man wählt dazu eine oder mehrere Reben, welche nicht weit vom Boden entfernt sind. Nachdem man den Boden etwas tiefer aufgelockert hat, macht man so viele Gruben, als man Ableger machen kann und will. Zu diesem Behufe bringt man einen Theil der Rebe, welche an ihrem obern Theile bis auf wohl ausgereiftes Holz eingekürzt ist, in die Grube. Ist es nothwendig, so befestigt man sie mit einem in die Grube eingeschlagenen hölzernen Haken, bedeckt sie mit Erde und richtet das obere Ende etwas aus dem Boden empor. Es ist genug, wenn nur 2 Augen hervorragen. Je mehr von der Rebe im Boden eingeschlagen ist, desto mehr wird sie Wurzeln machen. Bei jedem eingeschlagenen Auge treiben die Wurzeln hervor.

Da die in den Boden eingeschlagene Rebe mit dem Mutterstocke ein Jahr in Verbindung bleibt, so ist gar nicht zu zweifeln, daß sie schon in diesem Jahre in der Erde viel Wurzeln schlagen und über der Erde stark treiben werde.

Die Ableger kann man entweder schon im Herbste oder erst im Frühjahre machen.

Beim Versetzen wird die Rebe vom Mutterstamme getrennt, und man kann dann leicht zwei Stöcke daraus machen, wenn der eingeschlagene Theil der Rebe etwas länger war und nach seiner ganzen Länge viele Wurzeln gemacht hat. Man theilt nämlich den ganzen Wurzelreichthum so, daß jede Rebe ihren Antheil davon erhält.

Hat man eine sehr lange Rebe zum Einlegen, so kann man durch mehrmalige Biegungen immer einen Theil von ihr in die Erde einschlagen und mit einem Haken befestigen. Nach jeder Krümmung in der Erde wird sie wieder so weit empor gerichtet, daß ein Auge über der Erde zu liegen kommt, wonach sie abermals in die Erde hineingebogen und angeheftet wird. So fährt man fort, bis man die letzte Spitze mit 1—2 Augen aus der Erde hervorragen läßt.

5. Behandlung der Stecklinge und Ableger im ersten Jahre.

Sobald die Stecklinge und Ableger zu treiben anfangen, ist es nothwendig, daß man zu jedem Triebe einen Stab oder Pfahl stecke, um ihn daran anzuheften. Man lasse aber immer nur einen Trieb emporgehen. Durch den ganzen Sommer läßt man diesen einen Trieb unberührt, nur im September kürzt man die Spitze ein.

Selbstverständlich ist es, daß man den Boden mit der größten Vorsicht behackt, vom Unkraute reinigt und fleißig begießt, so oft es nothwendig ist.

Die Ableger werden schon im ersten Jahre so weit mit Wurzeln versehen sein und solche Triebe gemacht haben, daß sie im künftigen Frühjahr zum Versetzen tauglich sein werden.

Die Stecklinge dürften auch bei der besten Behandlung

nach dem ersten Jahre noch nicht geeignet sein, um sie an den für sie bestimmten Ort zu versetzen, es wird vielmehr rathsam sein, sie noch ein Jahr stehen zu lassen, und zwar wird man sie im künftigen Frühjahr bis auf 2 Augen zurück= schneiden und nur den schönsten Trieb davon fortwachsen lassen. Da der Trieb im ersten Jahre wahrscheinlich noch sehr schwach und sein Holz nicht vollkommen ausgereift sein dürfte, so hat man alle Ursache, ihn gegen die Kälte des Win= ters hinreichend zu schützen durch eine soviel als möglich trockene Bedeckung.

Ueberhaupt wird man den Ableger so lange an seinem früheren Orte stehen lassen müssen, bis sein stärkeres Wachs= thum auf eine hinlängliche Bewurzelung schließen läßt, wobei man ihn jedes Frühjahr bis auf zwei Augen zurückschneidet und nur einen Trieb fortwachsen läßt.

6. Versetzen der Stecklinge und Ableger.

Beim Versetzen der Stecklinge und Ableger handelt es sich vorzugsweise um die Anfertigung der Gruben auf ihrem neuen Standorte, um ihre vorsichtige Heraushebung aus ihrem bisherigen Standorte, und um das Beschneiden und Versetzen derselben.

An der Stelle, wo der Steckling oder Ableger als blei= bend versetzt werden soll, macht man eine Grube 3 Fuß tief und eben so weit, füllt sie etwa zur Hälfte mit guter Erde an, worauf etwas verrotteter Stallmist von Rindvieh kommt, und schüttet auf diesen wieder etwas gute Gartenerde; das ist das Bette, worauf der Steckling oder Ableger zu liegen kommt.

Das Herausheben aus dem früheren Standorte muß mit Vorsicht geschehen, damit die jungen Stöcke nicht sehr beschä= digt werden und so viel als möglich Wurzeln behalten. Den

Ableger trenne man vorher mit einem scharfen Messer vom Mutterstocke, dann umgrabe man den Stock, werfe die Erde heraus und suche seine Wurzeln ganz frei zu machen, worauf man ihn mit Hülfe der Hand und eines Spatens vollends herausheben kann.

Der im vorigen Jahre gewachsene Trieb wird bis auf das schönste Auge zurückgeschnitten, wenn dies nicht schon früher geschehen ist. Sind unmittelbar hinter diesem Auge mehrere Wurzeln, so können auch diese bis zu einer gewissen Tiefe herab ganz eingeschnitten werden. Die übrigen Wurzeln kürzt man etwas ein; was beim Versetzen nicht gehörig geordnet werden kann und also zu viel ist, nehme man gleichfalls noch weg; endlich beschneide man alles Beschädigte und Verwundete glatt ab bis aufs Frische und Gesunde.

Nun legt man die Rebe mit ihren Wurzeln fast horizontal in die Grube, breitet die Wurzeln gehörig aus und bedeckt sie mit guter Erde so, daß selbst das obere Auge etwas unter die Erde kommt. Obenauf kann man noch etwas verrotteten Stallmist legen. Das Ganze wird dann etwas eingedrückt.

Das Versetzen kann man im Frühjahr sowohl als auch im Herbst vornehmen, doch unternehme man es nicht sehr spät im Herbst und warte lieber bis zum Frühjahr.

7. Behandlung der Stecklinge und Ableger im ersten Jahre nach dem Versetzen.

Alle Kunst wird nun darin bestehen, so bald als möglich einen eben so langen als starken Trieb hervorzubringen.

Man läßt vor der Hand nur einen Trieb emporwachsen, den man an einem Pfahl oder an einem schon vorhandenen Geländer senkrecht emporzieht, in welcher Richtung er stärker wächst. Kommen mehrere Triebe hervor, so wählt man den kräftigsten zum Fortziehen, alle übrigen werden abgebrochen; an dem einen Triebe bricht man aber keinen einzigen Seitentrieb; höchstens kann man die Seitentriebe einkürzen, wenn sie den Haupttrieb zu überwachsen drohen, was aber bei einer senkrechten Erziehung des Haupttriebes nicht leicht zu befürchten ist.

Durch den Sommer behackt und begießt man den Setzling fleißig und entfernt alles Unkraut aus seiner Nähe. Zum Gießen kann man, wie schon erwähnt, mit Wasser verdünnte Mistjauche nehmen.

Im Herbst kann man die Rebe entweder nur einstutzen und die an ihren Augen hervorgetriebenen Seitentriebe ganz abschneiden, oder man kann die Rebe auch alsogleich bis auf 2—3 Augen abschneiden.

Die Bedeckung über Winter darf nicht unterbleiben und im Frühjahre nicht zu bald entfernt werden, denn gerade im Frühjahr ist die Gefahr wegen Frost am größten, da der Saft sehr zeitig flüssig wird.

Auf diese Weise wird man so lange fortfahren und jedes Jahr nur einen Trieb fortwachsen lassen, bis man einen Trieb von mehreren Schuhen und von der Stärke des kleinen Fingers erhält. Nun tritt die Zeit ein, den Weinstock anders zu behandeln.

8. Weitere Behandlung des Weinstockes.

Hat man einmal den Weinstock so weit gebracht, wie ich zu Ende der vorigen Nummer angegeben habe, so schneidet man den Weinstock im Herbst oder Frühjahr bis auf 3—4 Augen zurück. Von den hervorkommenden Trieben läßt man die drei schönsten empor gehen und heftet sie abgesondert von einander jeden an einen Pfahl oder an ein schon vorhandenes Geländer so viel als möglich senkrecht an. Alle von unten etwa nachkommenden Triebe werden sorgfältig abgebrochen, nur schont man wieder alle Seitentriebe, welche neben den Augen der drei Haupttriebe hervorkommen. Im Herbste dürften letz=

tere ziemlich hoch herangewachsen sein; man kürzt sie etwas ein und entfernt die Seitentriebe mit einem scharfen Messer.

Alle Bodenarbeiten werden wie in früheren Jahren wiederholt. Bemerken muß ich hier noch, daß man jedes Frühjahr die Erde vom Weinstock etwas wegziehen muß. Man heißt dieses den Weinstock aufdecken. Stößt man auf Wurzeln, welche sehr seicht gehen, so nimmt man sie bis zu einiger Tiefe vom Weinstocke weg. Man thut dies deswegen, damit man die übrigen Wurzeln nöthigt, tiefer zu gehen, und damit der nöthige Raum gewonnen werde, den Boden um den Weinstock ordentlich zu behacken, was durch den Sommer doch einige Male geschehen muß.

9. Das Geländer.

Hat man am Weinstocke einmal längere und stärkere Ruthen, so verlangt die fernere Erziehung desselben ein Geländer, denn man erhält jetzt von Jahr zu Jahr mehr Reben, und diese Reben fordern eine verschiedene Lage. Von den drei Reben in der vorigen Nummer dürfte man in 2—3 Jahren auf 10—12 Ruthen steigen.

Wie ein Geländer aussehe und herzustellen sei, wird Jeder wissen. Man bringe an der Mauer oben und unten je eine etwas starke Querlatte oder Stange an und befestige sie sehr gut. An diesen beiden Latten oder Stangen werden schwächere Latten oder Stangen in senkrechter Richtung nach der Höhe der Mauer angebracht. Die Entfernung der letzteren kann verschieden sein, jenachdem man mit dem Material mehr oder weniger sparen darf. Ein ganzer Schuh dürfte eine etwas zu große Entfernung sein.

Im Voraus muß ich bemerken, daß man keiner Rebe gestatte, sich hinter das Geländer zu ziehen, weil es dann nach einiger Zeit schwer sein dürfte, sie wieder hervorzuziehen, ohne sie und noch andere Reben zu beschädigen.

10. Was fängt man mit den drei emporgezogenen Reben an?

Wir haben die 3 Reben in Nr. 8 im Herbste verlassen. Jede hatte, trotzdem daß wir sie im September etwas einkürzten, um ihr vollkommneres Ausreifen zu befördern, doch noch 10 bis 12 Augen. Jedes dieser Augen dürfte sich zu einem Fruchtauge entwickelt haben.

Sollen sich nun wirklich recht viele Augen mit Früchten zeigen, so müssen wir die emporgezogenen Reben im künftigen Frühjahre in eine dazu geeignete Lage bringen.

Von den 3 Reben wird man die 2 äußersten am Geländer so weit herabziehen und zwar mit aller Vorsicht, daß sie in eine horizontale Lage kommen und in dieser angeheftet werden können; die eine Rebe kommt nach links, die andere nach rechts vom Stocke.

Noch zweckmäßiger wird man verfahren, wenn man beide Reben etwas gekrümmt wie ein Horn anzuheften sucht, und zwar so, daß ihre Endspitzen noch etwas tiefer zu liegen kommen, als ihr Ausgangspunkt aus der Rebe.

Es ist nun noch eine Rebe übrig, und zwar die mittlere dritte. Diese hat die besondere Bestimmung, dem Weinstocke von Jahr zu Jahr 2 Reben zur Vermehrung zu geben, damit das ganze Geländer nach und nach mit Reben überzogen werde. Man schneidet deshalb diese dritte Rebe bis auf 3—4 Augen zurück, läßt aber in jedem Falle nur 3 Augen nach oben treiben.

Von den zwei horizontal gelegten oder hornartig gekrümmt angehefteten Reben habe ich noch folgendes zu sagen. Wir haben angenommen, daß jede 10—12 Augen habe. Sollte das nicht zu viel sein? Der Weinstock ist noch kein Held geworden, er befindet sich noch in ziemlicher Jugend. Sollte er wohl im Stande sein, so viele Trauben schon ernähren zu können, ohne entkräftet zu werden? Wahrscheinlich kommen aus jedem Auge 1—2 Trauben hervor, mit Trieben, an welchen sich jene befinden. Es wird rathsam sein, diese beiden Reben noch etwas mehr zu verkürzen und sie etwa bis auf 6—8 Augen zurückzuschneiden.

Sollten an den beiden Reben noch Ranken und Seitentriebe sich befinden, so müssen sie noch vor dem Anheften davon gereinigt werden.

Die Ursache, warum die 2 Reben horizontal oder sogar etwas gekrümmt angeheftet werden, ist folgende. Würden sie senkrecht oder nur etwas schief angeheftet werden, so dürfte der Saft etwas zu schnell und stürmisch nach oben eilen. Die unteren Augen würden Mangel an Saft, die oberen Ueberfluß daran haben. Dadurch würde ein sehr ungleiches Treiben der Augen erfolgen; ja manche Augen dürften gar nicht zum Treiben gelangen. Der ganze Weinstock würde nicht nur sehr wenig und schlechte Trauben erzeugen, sondern auch eine Gestalt erhalten, welche weder für ihn noch für das Auge vortheilhaft wäre.

Wir wollen nun den im Frühjahre so beschnittenen und angehefteten Weinstock im Herbste wieder betrachten, indem wir bis dahin an ihm nichts Anderes vornehmen, als daß wir die hervortretenden Reben, welche sich nicht tragen können, nach oben anzuheften trachten.

11. Die Gestalt des Weinstockes im folgenden Herbste.

Wie schon erwähnt, wollen wir durch den Sommer den Weinstock fortwachsen lassen, ohne etwas Anderes an ihm vorzunehmen, als daß wir jene Reben, welche hervortreiben und sich nicht halten können, anheften. Nur die Pflege des Bodens wollen wir nicht verabsäumen, wie wir sie schon früher angegeben haben.

Welch einen Reichthum von Sprossen und Trieben nehmen

wir nicht wahr, wenn wir den Weinstock im Herbste betrachten. Alles ist dicht mit kürzeren und längeren Reben verwachsen. Der Weinstock sieht wie verwildert aus. Alles ist aus dem hervorgegangen, was wir dem Stocke im Frühjahr ließen. So darf der Stock nicht bleiben; ja wir hätten ihn durch eine zweckmäßige Behandlung vom Frühjahr bis zum Herbst nicht zu einer solchen Verwilderung kommen lassen sollen. Es ist nothwendig, alle diese Triebe aufmerksam zu betrachten und sie genauer kennen zu lernen zum Behufe ihrer Behandlung.

Werfen wir zuerst unseren Blick auf die zwei horizontal oder gekrümmt gezogenen Reben, wie wir sie im Frühjahr anhefteten. Beide waren im Frühjahr ein Jahr alt, sie sind die eigentlichen Trag= oder Fruchtreben. Diese Namen verdienen sie auch wirklich, denn sie tragen eine Menge Triebe und Früchte. Jedes Auge brachte Triebe und Früchte hervor.

Die Blüthe, welche schon gleich traubenartig erscheint, kommt nicht unmittelbar aus dem sich öffnenden Auge hervor, dieses macht vielmehr erst einen kurzen Trieb mit etwa 3 Blättern, darauf erscheinen 1—2 Trauben, über welchen sich der Trieb fortsetzt bis zu einer gewissen Höhe.

Betrachten wir die Triebe der aus den Augen der horizontal oder gekrümmt angehefteten Rebe näher, so werden wir finden, daß der erste dem Ursprunge der Rebe am nächsten stehende Trieb am längsten und stärksten ist, die übrigen nehmen an Stärke und Länge um so mehr ab, je näher sie dem Ende der Rebe stehen.

Diese neuen Triebe haben eine doppelte Bestimmung; an ihrem untern Theile tragen und ernähren sie 1—2 Trauben. Daß die über den Trauben stehenden Blätter, zum wenigsten 1—2 derselben, noch mit zur Ernährung der Trauben beitragen, geht daraus hervor, daß man den Trieb über den Trauben mit seinen Blättern wohl einkürzen kann, was zur vollkommneren Entwickelung der Trauben beiträgt, aber nicht bis zu den Trauben wegnehmen darf, ohne die Entwickelung derselben zu gefährden; zum wenigsten muß man über der obersten Traube noch ein Stück Trieb mit 2 Blättern stehen lassen. Es wäre wohl nur ein Blatt nothwendig, aber zur Vorsorge, daß dies eine Blatt Schaden leiden könnte, läßt man 2 Blätter stehen.

Die über den angesetzten Trauben sich höher entwickelnden Triebe bilden zwischen ihren Blattstielen und ihrem jungen Holze neue Augen, welche unter günstigen Umständen sich zu Fruchtaugen für das künftige Jahr ausbilden, sonst aber nur Laub= und Holzaugen bleiben. Jene erzeugen im künftigen Jahre Triebe mit Früchten, diese nur Triebe mit Blättern.

An den diesjährig gebildeten Augen nehmen wir noch eine merkwürdige Erscheinung wahr. Während des Sommers treiben in unmittelbarer Nähe der Augen, und zwar zwischen dem Blattstiel und dem Auge, schwächere, kürzere Triebe hervor. Es sind dieses Seiten= oder Nebentriebe; sie haben eine wichtige Bedeutung, wie wir in der folgenden Nummer sehen werden. Oft wuchern sie so stark, daß sie die Hauptrebe zu überwachsen drohen, wenn sie nicht etwas eingekürzt werden. Dieses Wuchern erfolgt besonders dann, wenn man die Hauptrebe am Weinstocke nachlässig herunterhängen läßt, ohne sie nach oben anzuheften.

Aber auch die dritte Rebe hat aus ihren 3—4 Augen, bis auf welche sie eingekürzt wurde, um so stärkere Triebe hervorgebracht, je senkrechter sie stand und je mehr sie durch das starke Einkürzen dazu gereizt wurde. Man ließ aber nur 3 Triebe emporgehen. Diese 3 Triebe sind es besonders, welche zur ferneren Vergrößerung des Weinstockes und zur Bedeckung des ganzen Geländers mit Reben dienen.

Nebst den genannten Haupt= und Nebentrieben finden wir am Stocke im Herbst noch viele andere Triebe. Diese kommen meistens aus unsichtbaren Augen hervor, sind bald kürzer, bald länger, erscheinen in allen Theilen des Weinstockes und haben eigentlich keine bestimmte Zeit ihres Hervortreibens; sie kommen bald früher bald später.

12. Behandlung aller dieser Triebe.

Die im Frühjahre horizontalgezogene Fruchtrebe hat nach der Ernte im darauffolgenden Herbst ihre Aufgabe vollendet und aufgehört, zu den Haupttrieben zu gehören; sie kann nun so weit entfernt werden, als sie nicht als Träger anderer Haupttriebe dient, welche nun an ihre Stelle treten. Die möglichste Entfernung alles abgetragenen Holzes und die Ersetzung desselben durch einjähriges Holz ist eine Hauptaufgabe. Nur am letzteren erntet man wieder Früchte.

Dieses neue Fruchtholz wächst eben jedes Jahr aus dem alten im Frühjahr horizontalgelegten Fruchttrieb hervor. Jedes Auge des letzteren liefert einen solchen reinen Fruchttrieb für das künftige Jahr.

In der Regel sind diejenigen Triebe die kräftigsten und längsten, welche aus jenen Augen hervortreiben, welche dem Ursprunge der Fruchtrebe am nächsten sind, denn hier empfangen sie den meisten Saft und gleichsam aus der ersten Hand, desgleichen ist die Fruchtrebe hier am stärksten und hat die ausgebildetsten Augen. Je weiter gegen das Ende hin, desto schwächer und kürzer werden aus ganz natürlichen, leicht einzusehenden Ursachen die Triebe.

Nun kann man unmöglich sämmtliches neue Fruchtholz für das künftige Jahr benutzen; theils wäre nicht Raum genug für dasselbe, theils wäre der Rebstock nicht im Stande, so viel Holz mit dem nothwendigen Safte zu versehen, endlich könnte man ja von dem abgetragenen Holze gar nichts entfernen; man wählt also von den dem Ursprunge der Tragrebe am nächsten stehenden, längsten und stärksten Ruthen so viele aus, als man glaubt, daß der Stock ernähren könne und man nothwendig hat. In unserm Falle werden wir auf jeder Seite nur eine wählen, und zwar jene, welche dem Ursprunge der alten Fruchtrebe am nächsten steht, um die abgetragene alte Fruchtrebe fast ganz abschneiden zu können.

Jene Haupttriebe, welche man für das künftige Jahr als Fruchttriebe nicht braucht, werden, wenn sie Trauben haben, so eingekürzt, daß über der obersten Traube noch zwei Blätter bleiben. Fehlen diese Blätter gänzlich, dann ist es um die vollkommene Ausbildung der Trauben geschehen. Das Einkürzen kann im Juli stattfinden.

Alle Haupt= und Seiten= oder Nebentriebe, welche keine Trauben haben und nicht etwa zur Ausfüllung einer Lücke gebraucht werden, bricht man ganz aus, womit man schon zeitig anfangen kann. Manche beginnen damit schon vor der Blüthe.

Eine Ausnahme machen jene Seiten= oder Nebentriebe, welche unmittelbar neben den Augen jener Haupttriebe hervorbrechen, welche die für das künftige Jahr bestimmten Fruchtruthen nach ihrer ganzen Länge bilden. Nicht selten hat die neue Rebe eben so viel Seiten= oder Nebentriebe, als sie Augen von unten bis nach oben hat; nur die obersten und zuletzt gebildeten Augen sind frei von solchen Nebentrieben.

Viele halten sie für Räuber und glauben, das nahestehende Auge werde durch sie in seiner Ausbildung beeinträchtigt, daher sie diese Nebentriebe bei Zeiten hinwegnehmen.

Dadurch schaden sie sich nur selbst; alle diese Nebentriebe an den diesjährigen Ruthen leisten einen wichtigen Dienst, in welchem man sie nicht stören soll.

Durch das unvorsichtige und zu frische Ausbrechen dieser Seitentriebe kann man nicht nur das nebenstehende, für das künftige Jahr zu benutzende Auge verletzen und in der Ausbildung zurückhalten, sondern man beraubt das Auge noch des vorzüglichsten, vielleicht einzigen Mittels, wodurch es sich aus einem bloßen Laubauge zu einem Fruchtauge für das künftige Jahr hätte bilden können.

Man schone also die Nebentriebe an den Augen der Haupttriebe. Werden sie zu lang, so kann man sie etwas einkürzen. Erst im Herbst, wo sich die ganze Rebe in allen ihren Theilen vollkommen ausgebildet hat, kann man diese Seitentriebe vorsichtig entfernen, und zwar mit Hülfe eines Messers; man kann sie aber auch bis zum Frühjahre stehen lassen.

An den neugebildeten, diesjährigen Fruchtreben rührt man bis September nichts an; man heftet sie sorgfältig an und sucht sie, wenn dazu Raum vorhanden ist, möglichst gerade empor zu ziehen. Im September aber kürzt man ihre Spitzen etwas ein, damit sie vollkommener ausreifen.

Eine besondere Aufmerksamkeit hat man auf die im Frühjahre bis auf 3—4 Augen eingekürzte senkrechte Rebe zu wenden. Man läßt nur drei Triebe von ihr emporwachsen, welche soviel als möglich senkrecht emporgezogen werden. Im künftigen Frühjahre werden die zwei äußeren horizontal oder gekrümmt angeheftet; die mittlere schneidet man abermals auf 3—4 Augen zurück.

13. Etwas zur Kenntniß der Augen am Weinstocke.

Die Augen der Rebe bilden sich nur an dem diesjährigen neuen Holze. Hinter jedem Blattstiel erscheint ein solches Auge. Erst im nächsten Frühjahre bricht das Auge auf. Unmittelbar aus dem Auge sproßt ein Trieb hervor, welcher entweder nur Laub trägt oder nach dem dritten Blatte auch 1—2 Trauben hat. Im ersten Falle ist das Auge ein bloßes Laubauge, im zweiten Falle ein Fruchtauge. Man wünscht aber so viel als möglich Fruchtaugen zu erhalten.

Welche an den diesjährig gewachsenen Reben Laub- oder Fruchtaugen sind, kann man mit einiger Sicherheit entscheiden. Diejenigen Augen, welche mehr zugespitzt sind, entwickeln im nächsten Jahre nur Triebe mit Blättern, sind also Laubaugen. Haben die Augen aber eine mehr viereckige Gestalt oder haben sie eine Aehnlichkeit mit zwei sich berührenden Nullen, dann sind es Fruchtaugen, welche nebst Blättern und Holz auch Trauben an ihren untern Theilen hervorbringen.

Versuche sollen nun die Gewißheit hergestellt haben, daß, wenn man die an den Augen befindlichen Nebentriebe vor der Zeit ausbricht, erstere sich nicht zu Fruchtaugen entwickeln, sondern Laubaugen bleiben.

Nach meinen Erfahrungen kann ich hier noch Folgendes beifügen:

Sehr oft sah ich an Weinstöcken eine Unzahl von Trauben, wo man sich mit dem Beschneiden eben nicht viele Mühe gab und eben so nachlässig mit dem Anheften der Reben war. Man ließ sie nach Belieben herumhängen. Ich betrachtete die diesjährig getriebenen herabhängenden Reben aufmerksamer und fand, daß die Augen näher beisammen standen, als bei jenen, welche mehr senkrecht emporgezogen waren; es scheint also, daß die etwas gebogene Lage der diesjährigen Reben nicht nur geeignet sei, mehrere Augen zu bilden, sondern auch dazu beitrage, daß die Augen sich zu Fruchtaugen entwickeln.

Diese Erscheinung ist nicht schwer zu erklären. In solchen gebogenen Reben bewegt sich der Saft weit langsamer, weil er seinem natürlichen Gange nach oben nicht so sehr folgen kann. Nebstdem entwickeln sich an den Augen stärkere Nebentriebe, welche aus bloßer Nachlässigkeit in Erziehung des Weinstockes geschont werden. Dies sind die beiden Ursachen, warum die Augen enger beisammenstehen und zu lauter Fruchtaugen sich ausbilden. Der Stock trägt dann wohl eine Menge Trauben, richtet sich aber durch Schwächung auf viele Jahre

zu Grunde. Man muß daher am Stocke immer ein gewisses Gleich=
gewicht herstellen und eine gewisse Ordnung zu erhalten suchen.
Die Reben sollen nicht, wie bei einem wilden Stocke, unter
und über einander herumhängen, so daß man nicht einmal
einen Ueberblick der Reben haben kann, aber es soll auch an
der Mauer kein Platz leer gelassen werden. Dafür hat man
nicht etwa erst im künftigen Frühjahre, sondern schon den gan=
zen Sommer vorher zu sorgen, und man wird nicht fehl gehen,
wenn man nach jener Anweisung zu Werke geht, welche im
vorigen §. gegeben wurde.

14. Weitere Erziehung des Weinstockes.

Wer die bisherigen Erklärungen und Regeln sich eigen
gemacht und verstanden hat, dem wird es nicht schwer fallen,
dem Weinstock eine weitere Ausbreitung nach der Höhe und
nach den Seiten zu geben. Der Weinstock wird dazu von
Jahr zu Jahr stärker und kräftiger; man kann deswegen von
ihm auch mehr verlangen, wenn man nur die gehörige Pflege
des Bodens nicht unterläßt. Je stärker der Weinstock wird,
desto weiter wird man den Boden umgraben, vom Unkraut
reinigen und düngen müssen.

Wir wollen den Weinstock, wie wir ihn in §. 12 ver=
lassen haben, im Herbste betrachten und sehen, wie er um diese
Zeit gestaltet sein soll.

Wir hatten im Frühjahre 3 Fruchtreben, jede mit 6—8
Augen, diese Fruchtreben wurden nach beiden Seiten hin hori=
zontal angeheftet. Auf jeder Fruchtrebe werden sich aus den
6—8 Augen eben so viele Trauben an ihren unteren Theilen
entwickeln. Auf jeder Seite lasse man einen Trieb, welcher dem
Ursprunge der horizontal gezogenen Fruchtrebe am nächsten steht,
fortwachsen, und hefte die Triebe fleißig an, damit sie nicht
abbrechen. Man kann sie, da man Raum genug hat, so viel

als möglich senkrecht empor ziehen, wodurch sie stärker und länger werden. Die übrigen Triebe, falls sie Trauben haben, kürzt man im Juli 2 Blätter über der obersten Traube ein; alle anderen Seiten- und Nebentriebe, welche keine Trauben haben, müssen bei Zeiten ganz ausgebrochen werden, außer man muß einen schonen, um eine Lücke im nächsten Jahre auszufüllen.

Nun hat man noch drei Triebe, welche aus der mittleren, im Frühjahre auf 3—4 Augen eingekürzten Rebe emporwuchsen. Die 2 äußern werden für das künftige Jahr zu horizontal oder gekrümmt gezogenen Fruchtruthen benutzt, die mittlere kürzt man im Frühjahre abermals auf 3—4 Augen ein.

Man hat nun für das künftige Jahr schon 4 Frucht- oder Tragruthen, welche nach beiden Seiten hingebogen den Stock bedeutend vergrößern. Ihre Augen werden sich zu Fruchtaugen ausgebildet haben, wenn man ihnen die neben den Augen hervorsprossenden Seitentriebe bis zum Herbste ließ und die zu lang treibenden etwas einkürzte. Dieses Einkürzen nimmt man auch mit allen diesjährig gezogenen Hauptreben im Monat September vor. Dieses Einkürzen erstreckt sich aber nur auf den schwächeren Theil und nur bis dorthin, wo die Rebe schon stärker und gut ausgereift ist und die Augen sich vollkommen entwickelt haben.

Will man nach abgefallenem Laube den Stock noch im Herbste für das künftige Frühjahr in Ordnung bringen, so kann dies jetzt eben so gut wie im Frühjahre vorgenommen werden. Zuerst schneidet man die alte horizontal gezogene Tragrebe bis dahin ab, wo man die für das künftige Jahr zu brauchende Fruchtruthe stehen ließ.

Nun beschneidet man die 4 neuen Reben und läßt ihnen je nach ihrer Stärke und Länge 8—10 Augen. Darauf werden sie von allen Seitentrieben und Ranken gereinigt und 2 davon, an jeder Seite eine, an der Stelle der abgeschnittenen alten

Rebe horizontal angeheftet. Die zwei noch übrigen werden etwas entfernt von den 2 schon angehefteten nach der Seite gezogen und in schiefer Lage über den ersteren gleichfalls angeheftet. So erhält der Weinstock schon eine größere Ausdehnung sowohl nach beiden Seiten als nach der Höhe.

Ist eine von den Reben etwas schwächer, so läßt man ihr weniger Augen und heftet sie weniger horizontal an; dadurch wird sie bald zu einem kräftigeren Wachsthum angeregt werden. Fährt man auf die angegebene Weise fort, so kann man jedes Jahr einige Ruthen mehr ziehen, welche als Fruchtruthen für das künftige Jahr gebraucht werden können. Dazu benutzt man die mittlere senkrecht stehende Rebe, welche man jedes Jahr auf 3—4 Augen zurückschneidet und daraus 3 neue Reben zieht; sie vermehrt den Weinstock auf jeder Seite jährlich um eine Rebe. Man könnte noch schneller vorwärts gehen, wenn man den mittleren senkrechten Trieb immer nur bis auf 5—7 Augen zurückschneidet und davon 5 Triebe zieht, wovon immer 4 zu Fruchttreben, und zwar auf jeder Seite 2, gewählt werden. Allein der Weinstock dürfte nicht so schnell erstarken, um für so schnelles Vorwärtsschreiten Kraft genug zu haben.

Muß man einmal, um eine Lücke auszufüllen, einen kürzeren und schwächeren Trieb beibehalten, so schneidet man ihn bis auf zwei Augen zurück, läßt aber nur einen Trieb davon in die Höhe gehen, welcher bald stark genug sein wird. Einen solchen Schnitt nennt man den Zapfenschnitt.

Es kann sogar geschehen, daß man, um einen Platz zu bedecken, die alte abgetragene Fruchttrebe stehen lassen muß. Sie besitzt vielleicht nur kürzere jährige Triebe, welche schon getragen haben; aber eben dieses jährige Holz ist ja das eigentliche Tragholz; man stutze es nur auf 2—3 Augen ein, denn auch an jenem Theile sind Augen für das künftige Jahr, welcher dieses Jahr Früchte getragen hat.

Man benutze nur jeden Augenblick, den man übrig hat,

um den Weinstock in seinem Wachsthume zu beobachten; man studire den leibhaftigen, lebendigen Weinstock, mache an ihm Versuche und sei auf den Erfolg aufmerksam. Man wird nicht selten den wunderbaren Haushalt der Natur mit einiger Freude kennen lernen. Der Weinstock ist es besonders, welcher unter allen unsern Kulturpflanzen die künstlichste Behandlung erfordert und unsern Scharfsinn zu wecken im Stande ist.

Wer vom Frühjahre bis zum Herbst das Nothwendige an seinem Weinstocke verrichtet, der hat ihn immer in der schönsten Ordnung und selbst im nächsten Frühjahre nicht mehr viel in Ordnung zu bringen. Wer aber seinen Weinstock auf die Weise fortwachsen läßt, und zwar vom Frühjahre bis in den Herbst hinein, wie ich es in §. 1 zum Behufe der näheren Kenntnißnahme aller Triebe des Weinstockes zuließ, der wird bis zum Herbst oder bis zum künftigen Frühjahre einen solchen Wirrwarr von Trieben zum Schaden des Weinstockes vorfinden, daß er gar nicht wissen wird, wo und wie er es zuerst anzufangen habe, um nur einige Ordnung in den Weinstock zu bringen.

Manchmal wird man durch Fenster und andere Gegenstände an der Mauer gehindert, die Reben regelmäßig auszubreiten; man lasse sich aber dadurch nicht in die geringste Verlegenheit bringen. Die Rebe läßt sich nach jeder Richtung ziehen; sie kann aufwärts und abwärts gebogen werden; abwärts gebogen wird sie sogar fruchtbarer. Auch verträgt keine andere Pflanze das Beschneiden, Einstutzen und Ausbrechen der Zweige so gut wie die Rebe.

15. Eine andere vielleicht noch zweckmäßigere Methode, den Weinstock zu erziehen.

Um diese andere Methode anzuwenden, müssen wir wieder bis dorthin zurück gehen, wo wir in §. 7 einen jungen

Weinstock mit einer Rebe erzogen hatten, welche mehrere Schuhe hoch ist und die Stärke eines Fingers erhalten hat. Im folgenden Frühjahre kürzt man sie auf 3 Augen ein und zieht 2 Triebe empor; den schlechteren bricht man aus. Im folgenden Herbste wird man zwei stärkere und längere Reben haben. Im künftigen Frühjahre wird die links stehende Rebe nach rechts und die rechts stehende Rebe nach links so gezogen, daß sie an ihren untern Theilen übers Kreuz gebogen werden. Wir wollen diesen Fall noch eigends behandeln, da er, wie wir sehen werden, in Bezug seines Nutzens eine große Wichtigkeit hat.

Sind die übers Kreuz gezogenen, früher auf 8—12 Augen zurückgeschnittenen Reben horizontal oder bogenförmig angeheftet, so läßt man aus ihren Augen in ziemlich gleicher Entfernung, etwa von 10—12 Zoll von einander, auf beiden Seiten 6—8 Ruthen empor wachsen und heftet sie, ohne ihnen die Seitenruthen zu nehmen, den Sommer über fleißig an, so daß sie senkrecht zu stehen kommen.

Sollten die Seitenruthen an den Augen zu lang werden und die Hauptruthen überwachsen wollen, so muß man sie auf $\frac{1}{2}$—1 Fuß einkürzen, aber ja nicht ausbrechen. Sie dienen, wie schon erwähnt, zur Verstärkung der Hauptruthen und zur Verwandlung der Laubaugen in Fruchtaugen. Die Seitentriebe zwischen den Haupttrieben kann man, wenn sie keine Trauben haben, im Juni ausbrechen. Im September werden auch die Hauptruthen in einer Höhe von 4—5 Fuß eingekürzt.

Im folgenden Frühjahre wird nun folgende wichtige Operation vorgenommen. Alle Reben werden losgebunden, und die beiden älteren, horizontal übers Kreuz gelegten Reben, an denen sich die Fruchtruthen für dieses Jahr befinden, in senkrechter Richtung behutsam empor gezogen und neben einander angeheftet. So kommen sie wieder in ihre frühere Stellung, ehe sie übers Kreuz gebogen wurden.

Daburch erhalten aber die aus ihnen hervor gewachsenen Fruchtruthen natürlicher Weise eine ganz andere, aber für sie ganz geeignete Stellung. Sie kommen aus der früheren senk= rechten Stellung in eine horizontale, aber auf die entgegen= gesetzte Seite hinüber. Die, welche früher links standen, kommen nach rechts und so umgekehrt.

Die schwächeren Reben schneidet man zu Zapfen auf 2—3 Augen zurück und die übrigen langen Fruchtreben auf 10—12 Augen, je nach ihrer Stärke und Reife.

Nachdem die beiden aufrecht stehenden alten Reben oder Schenkel gehörig befestigt sind, bindet man die Fruchtreben in Bogen nach unten, damit sie nicht nur mehr und bessere Trau= ben bringen, sondern damit auch dicht am Schenkel die kräf= tigsten Ruthen entstehen. So wäre der Stock im Frühjahre in Ordnung. Wir wollen nun sehen, wie der so geordnete Stock durch den kommenden Sommer wachsen und welche Hülfe von Seite der menschlichen Hand nothwendig sein wird.

16. Ferneres Wachsthum und Behandeln des in voriger Nummer in Ordnung gebrachten Weinstockes durch den Sommer.

Die ersten Augen an den Fruchtreben in der Nähe der aufrecht stehenden Schenkel werden in Folge des Biegens die kräftigsten Ruthen treiben. Man muß sie den Sommer über ungestört wachsen lassen, da sie im künftigen Jahre die Frucht= reben ersetzen sollen. Sie werden noch vor der Blüte ange= bunden, damit sie in Folge ihrer Schwere nicht abbrechen. Das Anbinden kann nicht in senkrechter Richtung geschehen, sondern man muß der neuen Rebe einen Platz anweisen zwi= schen den übrigen Reben, wo sie in eine sehr schiefe Lage kommen. Alle übrigen Triebe kann man 2 Blätter über der obersten Traube einkürzen und damit zugleich das Ausbrechen der aus den zwei senkrecht stehenden Schenkeln hervor wach=

senden Nebentriebe, so wie aller anderen Triebe, die keine Früchte tragen und nicht zu Fruchtruthen oder zur Ausfüllung von Lücken bestimmt sind, verbinden.

17. Welches Gesicht wird der Weinstock im Herbste haben?

Ich glaube, der Anblick des Weinstockes wird im Herbste ein sehr erfreulicher sein; er wird auf allen Seiten mit einer reichen Anzahl von Trauben uns entgegen lachen, welche an den im Frühjahre in Bogen angehefteten Fruchtreben hängen. Jedes Auge an denselben hat einen Trieb gemacht, an welchem sich 1—2 Trauben und darüber noch zwei Blätter befinden.

Aber zwischen den so reich mit Trauben behangenen Bogenreben vom Frühjahre werden sich auch wieder sehr schöne lange neue Reben befinden, welche aus dem ersten Auge einer jeden Fruchtrebe in der Nähe der senkrecht empor gezogenen Schenkel hervor wuchsen und desto stärker wachsen konnten, da sie den ersten Saft aus dem Schenkel erhielten. Wurden sie im September an ihren Enden etwas eingestutzt, so werden sie auch vollkommen ausgereift sein und im künftigen Jahre als Fruchtreben benutzt werden können. Man kann schon im Herbste alle Reben mit Früchten bis zu den neuen Fruchtreben hinan wegschneiden und diese letzteren an deren Stelle anheften, nachdem man sie je nach ihrer Stärke und Länge auf 10—15 Augen zurück geschnitten und von allen Ranken und Seitentrieben an ihren Augen gereinigt hat.

So hat man den ganzen Weinstock schon im Herbste in der schönsten und besten Ordnung für das Frühjahr hergerichtet.

Welch einen großen Raum nimmt nun der Weinstock an der Mauer ein? Jeder kann die Größe dieses Raumes in Quadratschuhen leicht berechnen, wenn er weiß, daß die zwei aufrecht gezogenen Schenkel etwa 6—7 Schuh hoch und die nach den Seiten sich erstreckenden Fruchtreben fast eben so lang sind. Die Breite des Weinstockes wird also fast noch einmal so groß sein als die Höhe.

Wie im verflossenen Jahre, so wird der Weinstock in allen künftigen Jahren behandelt.

Aber wir wollen den Weinstock vielleicht noch einmal, vielleicht noch zweimal so hoch haben. Wie ist dieß zu bewerkstelligen? Ich antworte: fast mit einem Schlage, und zwar in einem Jahre kann er in derselben Breite noch einmal so hoch, als er bisher gewesen, gezogen sein.

18. Wie kann man den Weinstock noch ein- bis zweimal so hoch ziehen?

Hat man den Weinstock einmal so weit, nämlich 6—7 Schuh in die Höhe gezogen, mit vielen Reben an beiden Seiten hin, von denen jede fast eben so lang ist, so ist es nun ein Leichtes, ihn gleichsam mit einem Schlage noch einmal so hoch zu bringen, wenn man nur Raum genug nach oben hat. Man fängt nämlich das erste Spiel mit den zwei obersten Reben wieder von neuem an.

Die oberste, rechts liegende Rebe zieht man nach links, und die oberste, links liegende nach rechts hinüber, so daß sie mit ihren unteren Theilen übers Kreuz zu liegen kommen, und heftet sie horizontal liegend an.

Aus jedem Auge der beiden Reben entwickeln sich Triebe, welche man senkrecht empor zieht und anheftet. Es wiederholen sich nun alle Arbeiten, wie sie in den §§. 15, 16 und 18 angegeben sind, daher es unnöthig ist, sie hier noch einmal anzuführen.

19. Ein besonderer Fall.

Es könnte der Fall vollkommen, daß man einen Weinstock sehr hoch ziehen muß, etwa bis zum Giebel des Hauses, aber an den unteren Theilen nicht den mindesten Raum besitzt, um ihm Seitentriebe zu lassen. Man wird also einen Stamm ziehen müssen, welcher nach vielen Schuhen, ja sogar Klaftern seine Zweige ausbreiten kann.

Es ist nicht so schwer, den Weinstock in einigen Jahren zu einer Höhe von einigen Klaftern ohne alle Nebenzweige zu bringen. Dabei wird man aber nicht nur für das Emporbringen nach der Höhe, sondern auch für die Verstärkung seines Stammes zu sorgen haben.

Man wird den jungen Stock so lange im Frühjahre bis auf 1—2 Augen zurückschneiden und dabei einen Trieb fortgehen lassen müssen, bis man eine fingerstarke und einige Schuhe oder wohl gar eine klafterlange Rebe erhält.

Diese Rebe kürzt man dann bis auf 4—6 Augen zurück und läßt nur das oberste Auge treiben; die andern Augen bricht man aus, oder man kann auch mehrere von den Augen an dem obern Theile treiben lassen und davon den stärksten und schönsten Trieb nach oben fort ziehen.

Hat man nur etwas Raum, um einige kurze Seitentriebe in horizontaler Richtung zu ziehen, so werden sie viel zur Verstärkung des Stammes beitragen, wenn sie auch noch so kurz sind. Es versteht sich von selbst, daß man sie bald wieder entfernt.

Wenn man so jedes Jahr den Weinstock bis auf gut ausgereiftes Holz und vollkommene Augen zurück schneidet, wird man sehr bald bei jener Höhe anlangen, wo man den Stock sich ausbreiten lassen kann, mag dieses nun in der ganz einfachen Form geschehen, wie ich diese in den ersten 14 §§. beschrieben habe, oder mag man sich an die Kreuzform halten, wie sie von §. 15 an erklärt wurde.

Es thut nichts, wenn auch der Stamm von unten hinauf etwas verbogen ist. Die Rebe ist bei uns doch kein Baum, bei dem man einen glatten geraden Stamm erziehen kann und

soll. Nur wird der Stamm der Rebe für alle Zukunft ge=
schützt und geschont werden müssen, weßwegen man ihn mit
einer kleinen Einhegung umgeben muß. Auch gegen die Win=
terkälte wird man ihn durch eine Bedeckung schützen müssen
um ihn so lange als möglich als Träger und Saftzuleiter für
die oberen Reben benutzen zu können und nicht genöthigt zu
sein, wieder vom Anfange zu beginnen, wo man dann freilich
eine Arbeit durch mehrere Jahre hat, ohne mit einer Traube
belohnt zu werden.

Der Weinstock hat ein sehr zähes Leben, und er kann bei
gehörigem Schutz mehrere hundert Jahre alt werden. Selbst
der verwilderte Weinstock, den keine menschliche Hand pflegt,
erhält sich unter rauhem und wucherndem Gesträppe von Schlehen,
wilden Rosen (Hagebutten) ꝛc. durch Jahrhunderte, wie ich Be=
weise genug in meiner Gegend finde.

20. Den Weinstock ohne Rückwand und ganz frei stehend zu erziehen.

Ich habe kleine Landwirthe gefunden, welche in ihren
Gärten aus Liebhaberei nicht nur einzelne, ganz freistehende
Weinstöcke zogen, sondern auch sogar ganz kleine Weingärtchen
anlegten. Diesen will ich über die Erziehung des Weinstockes
noch einigen Rath ertheilen, so weit ich es vermag.

Daß man für den Weinstock eine sonnenreiche Lage wäh=
len müsse, ist selbstverständlich. Kein Obstbaum, kein Haus
darf den Platz mit seinem Schatten berühren. Hat man eine
gegen Morgen oder Mittag geneigte Lage, welche rückwärts
einen Schutz durch eine Anhöhe oder durch Gebäude hat, desto
besser; die Sonne kann so mehr wirken und den Boden besser
erwärmen. Der Schutz gegen kalte, rauhe Nordwinde ist
viel werth.

Der Boden, auf welchem man ein kleines Weingärtchen

anzulegen gedenkt, soll zum wenigsten 2 Schuh tief umgegra=
ben oder rajolt werden. Größere Steine, welche darin vor=
kommen, muß man entfernen. Welcher Boden für die Rebe
der beste sei, ist schon in §. 4 angegeben worden. Zugleich
ist daselbst erwähnt worden, welche Bestandtheile ihm noch ge=
geben werden müssen, damit er die gehörige Mischung erhalte.

Ist der Boden etwas mager, was man sehr leicht aus
den darauf wild wachsenden oder kultivirten Pflanzen wahr=
nehmen kann, so ist eine Düngung vor Anlegung des Wein=
gärtchens nothwendig, und es wird rathsam sein, diese Düngung
vor dem Umgraben des Bodens über demselben auszubreiten,
damit die düngenden Stoffe beim Umgraben oder Rajolen ganz
mit dem Boden gemischt werden und bis nach unten gelangen.

Zur Düngung eines Weingärtchens eignen sich folgende
Stoffe sehr gut: ganz verrotteter Rindviehmist, gut zubereitete
Komposterde, Seifensiederasche, Kalk, Mergel, Gyps, Rapskuchen=
und Knochenmehl. Man kann in Bezug auf Düngung nicht
leicht zu viel thun.

Ist der Boden wohl vorbereitet, dann bezeichnet man die
Reihen, in welchen die Reben zu stehen kommen. Die Rei=
hen sollen von Mitternacht nach Mittag angelegt werden und
von einander zum wenigsten 3 Schuh entfernt sein. Die ein=
zelnen Stöcke müssen in den Reihen zum wenigsten 2 Schuh
von einander entfernt sein.

Wie die Reben eingesetzt werden, ist ebenfalls schon in
§. 5 gesagt worden.

Es handelt sich nur noch darum, wie die Reben freistehend
erzogen werden müssen, damit die Trauben zum Genusse reif
genug werden.

Da die Traube nur bei hinreichender Wärme reift und
schmackhaft wird, die Wärme aber in der unmittelbaren Nähe
des Bodens am stärksten ist, so wird die Erziehung des Wein=
stockes derart sein müssen, daß letzterer seine Trauben nicht

weit vom Boden entfernt ansetze. Dies erreicht man auf folgende Weise.

Der Setzling wird im ersten Jahre bis auf ein Auge zurückgeschnitten. Der daraus hervorsprossende Trieb wird an einen Pfahl angeheftet. Den Pfahl braucht man für immer.

An diesem einen Triebe rührt man nichts an, als daß man ihn im September etwas einkürzt; einen zweiten Trieb duldet man nicht.

Im zweiten Frühjahre kann man die im ersten Jahre getriebene Rebe dicht an ihrem Ursprunge abschneiden, um an dem Stocke einen sogenannten Kopf zu bilden. Es kommen aus diesem Kopfe mehrere Triebe hervor, von denen man nur 2 bis 3 emporzieht.

Sind die Triebe noch etwas zu schwach, so schneidet man sie im dritten Frühjahr nochmals bis zu ihrem Ursprunge zurück ab. So entsteht ein stärkerer Kopf. Aus den sich entwickelnden Trieben läßt man nun die 3—4 stärksten und schönsten stehen und bindet sie an einen Pfahl; alle übrigen Triebe werden abgebrochen. Nun sind die Reben wohl stark genug, um Früchte hervorzubringen.

Zu diesem Behufe werden im nächsten Frühjahr alle vorjährigen Reben auf 4—6 Augen zurückgeschnitten; von den 6 Augen erhält man 6 Triebe, wovon die beiden obersten, wenn sie keine Früchte haben, ausgebrochen werden.

Der unterste Trieb einer jeden Rebe wird zur Fruchtruthe für das künftige Jahr bestimmt und demgemäß den Sommer über behandelt. Die andern Triebe werden 2 Blätter über der obersten Traube abgeschnitten. Die übrigen Seitentriebe ohne Trauben werden theils ganz ausgebrochen, theils abgekürzt. Im September werden die von den untersten Augen emporgezogenen langen Triebe an der Spitze abgebrochen und ihre Seitentriebe verkürzt, um die Reife und Verholzung derselben zu befördern.

Entweder noch im Herbste oder im künftigen Frühjahr wird an allen Reben das abgetragene Holz bis auf die erzogene neue Fruchtruthe weggeschnitten. Letztere wird im Frühjahre bis auf 4—6 Augen zurückgeschnitten.

Wenn man so fortfährt, erhält man alle Jahre 3—4 gute Fruchtruthen in der Nähe des Kopfes und mehrere Trauben in der Nähe der Erde, wo eine größere Wärme auf die frühere Reife und bessere Güte derselben großen Einfluß hat.

21. Noch eine andere Weise den Weinstock im Freien ohne Wand zu erziehen.

Man schneidet den Weinstock so lange zurück, bis man 2 lange starke Ruthen erhält. Hat man diese, so muß man dazu folgende Vorrichtung machen.

Hat man ein kleines Weingärtchen, so muß man die Entfernung der Reihen von einander etwas größer machen; auch die einzelnen Stöcke in den Reihen kann man etwas weiter von einander setzen.

Im Frühjahre schlägt man zu jedem Stock einen Pfahl. Von einem Pfahle zum andern zieht man eine Stange ganz horizontal, und zwar so, daß sie höchstens von der Erde einen Schuh entfernt ist. Die Stange wird an beiden Pfählen befestigt. So macht man es durch das ganze Weingärtchen. Es laufen also durch jede Reihe die Stangen von einem Weinstocke zum andern.

An diese horizontal laufenden Stangen werden von jedem Weinstocke die 2 Reben angebunden, die eine rechts, die andere links; man läßt ihnen ihre ganze Länge und reinigt sie nur von ihren Ranken und Seitentrieben, welche sie noch vom vorigen Jahre haben.

Waren die Augen Fruchtaugen, so erscheint aus jedem Auge ein Trieb mit 1—2 Trauben, welche, da sie in der Nähe des

Bodens sich befinden, auch eine größere Wärme genießen und daher auch früher reifen und süßer werden.

Dort, wo die beiden horizontal liegenden Reben ihren Ursprung aus dem Stocke haben, läßt man auf beiden Seiten eine Rebe emporwachsen. So erhält man für das nächste Jahr wieder 2 neue Reben. Die anderen Triebe an den horizontal gezogenen Fruchtreben kürzt man bis auf 2 Blätter über der obersten Traube ein.

So verfährt man von Jahr zu Jahr. 2 Tragreben mit Trauben laufen an der horizontalen Stange nach beiden Seiten vom Stocke weg, und 2 neue werden am Pfahle senkrecht empor= gezogen für das künftige Jahr und kommen dann an die Stelle der abgetragenen, welche man im Herbst oder im kommenden Frühjahr ganz wegschneidet.

Man erntet auf diese Weise sehr viele Trauben, aber der Stock muß auch in großer Kraft stehen, um so viele Trauben ernähren zu können.

22. Die beste Zeit, den Weinstock zu beschneiden.

Um den Weinstock in der gehörigen Ordnung und Frucht= barkeit zu erhalten, dazu gehören drei verschiedene Operationen, und zwar:

a) das Ausbrechen ganzer Triebe,
b) das Einkürzen und Einstutzen der Triebe und
c) das Beschneiden.

Die zwei ersten Operationen werden vorgenommen wäh= rend des Wachsthums des Weinstockes, vom Frühjahr an bis zum Herbste. Sie schaden dem Weinstocke nicht nur nicht, son= dern nützen ihm gar viel, wenn sie zweckmäßig vollbracht werden. Von einem Saftverluste ist dabei gar nichts wahrzunehmen, im Gegentheil wird der Saft dorthin geleitet, wo er nützlicher verwendet werden kann.

Das Beschneiden dagegen wird gewöhnlich im Frühjahr vorgenommen, wo der Saft schon stark flüssig ist und sich herbeidrängt, ohne daß der Weinstock noch treibt und den großen Andrang von Saft verwenden und verarbeiten könnte.

Dazu kommt noch, daß beim Beschneiden des Weinstockes im Frühjahre ihm gerade auf einmal die größte Masse Holz genommen und er auf den geringsten Umfang reducirt wird.

Da kann es dann nicht anders kommen, als daß eine große Masse Saft aus dem Schnitte hervorbringt. Dadurch erleidet der Weinstock nicht nur einen großen Verlust an Kraft, sondern es geht auch so manches Auge, welches man zum Triebe bestimmt hat und nothwendig braucht, zu Grunde. Der ausgetretene Saft nimmt an der Luft eine ätzende, fressende Eigenschaft an und zerstört auf diese Weise das Auge, auf welches er zufließt.

Man könnte den Schnitt wohl so richten, daß er über dem letzten Auge etwas schief geführt wird, so daß der Saft hinter dem Auge abläuft, allein er kann weiter unten ein zweites Auge treffen, wo der Schaden um so beträchtlicher wird, je nothwendiger und brauchbarer gerade die unteren Augen sind.

Man kann das Beschneiden aber auch im Herbste nach dem Laubfall vornehmen, wo der Saft schon stockt und kein Tropfen verloren geht. Es ist aber dabei eine sehr sorgfältige Bedeckung den Winter über nothwendig, damit der Frost den beschnittenen Reben nicht schade. Deswegen wird es immer rathsam sein, den Schnitt etwas entfernter vom Auge zu machen. Man kann darüber einen guten Zoll Holz stehen lassen.

Der Schutz ist bei beschnittenen Reben um so leichter anzubringen, da sie nach dem Schnitte einen kleineren Raum einnehmen.

Einige haben sogar angerathen, den Wein im Frühjahr zwar regelrecht anzuheften, aber ihn erst zu beschneiden, wenn er schon etwas getrieben hat, wo dann der Saftfluß fast auf Null reducirt wird, da schon Organe da sind, welche ihn aufnehmen und verarbeiten; allein das Beschneiden möchte dann sehr schwierig sein und könnte nur mit großer Vorsicht vorgenommen werden, wenn es ohne Schaden abgehen soll.

23. Was ist vom Ausblatten zu halten?

Viele glauben den Trauben eine Wohlthat zu erweisen, wenn sie vor der Reife oder im Anfange derselben den Weinstock derart entlauben, daß jede einzelne Traube den Strahlen der Sonne ausgesetzt ist; sie geben sich der Hoffnung hin, daß dadurch nicht nur die Reife der Trauben beschleunigt, sondern auch deren Qualität verbessert werde. Leider werden sie in ihren Erwartungen sehr enttäuscht. Es tritt vielmehr das Gegentheil ein.

Ist die Entlaubung zu stark, und sie ist es gewöhnlich, weil man die Sache recht gut machen will, und sind die Beeren noch hart, so kann man beinahe wetten, daß sie nie weich werden. Sind aber die Beeren bei der vorgenommenen Entlaubung schon weich gewesen, so dürfte durch die Entlaubung eher eine Verzögerung in Bezug der vollkommenen Reife herbeigeführt werden.

Ich habe leider Fälle von so trauriger Art gesehen, daß man sich durch eine unvorsichtige Entlaubung um die schönste Traubenernte brachte.

Wenn ich mir eine recht gute Traube aussuchen wollte, so wählte ich immer jene, welche am meisten hinter den Blättern versteckt war; sie war die zarteste und süßeste.

Welches ist nun die Ursache, warum eine etwas stärkere Entlaubung so ungünstig auf das Ausreifen der Trauben einwirkt?

Die Blätter sind ein nothwendiger Bestandtheil wie jeder

Pflanze so auch des Weinstockes. Es ist nicht genug, daß der Weinstock nur durch die Wurzeln mit dem Boden in Verbindung steht, eben so nothwendig ist seine Verbindung durch die Blätter mit der Atmosphäre. Wurzel und Blatt sind gleich nothwendig für die Ernährung und das Leben des Weinstockes. Fehlt es an hinreichenden Blättern, so werden die Wurzeln in der Zufuhr der nothwendigen Nahrung beschränkt, und der zugeführte Saft kann nicht in eigentlichen Bildungssaft verwandelt werden; darum muß die Traube leiden.

Es dürfte aber noch ein anderer Umstand bei der Entlaubung auf die Traube ungünstig einwirken. Glauben wir ja nicht, daß das zu starke Anprallen der Sonnenstrahlen für die Traube wohlthuend sei. Ich habe gesehen, wie selbst die Aepfel dadurch leiden. Die Traube an der Mauer muß um so mehr von den Sonnenstrahlen leiden, da sie von derselben zurückprallen. Gegen die allzustarke Einwirkung der Sonnenstrahlen wird die Traube von den Blättern in Schutz genommen, indem letztere durch ihre Ausdünstung die Hitze mäßigen, die Traube gleichsam wie mit einem Schilde oder Sonnenschirm gegen die Sonnenstrahlen zeitweilig schützen, aber auch die empfangene Wärme nicht wieder ausstrahlen lassen, sondern auch in der Nacht zurückhalten und so eine zu ungleiche Temperatur zwischen Tag und Nacht auf ein geringeres Verhältniß zurückbringen.

Man wird sich nun nicht mehr wundern, wenn die Trauben hinter den Blättern in der Regel schmackhafter sind.

Die der Traube am nächsten stehenden Blätter sind ihr gerade am nothwendigsten. Man versuche es einmal und nehme an einem Zweige, wo über der letzten Traube nur noch 2 Blätter stehen, diese 2 Blätter hinweg, und es ist um die Traube geschehen.

Besser ist es, man nimmt den Zweig mit den Blättern als die Blätter ohne Zweig weg. Wer durch den ganzen

Sommer auf seinen Weinstock ein aufmerksames Auge hatte und alle Triebe, welche überflüssig sind, ausbricht oder einstutzt, wird gerade immer so viel Laub haben, als nothwendig ist.

24. Einige nachträgliche Bemerkungen über den Weinstock und dessen Behandlung.

Zum Schluß will ich noch Einiges theils nachtragen, was ich über den Weinstock zu sagen noch nothwendig finde, theils in kurzen Sätzen zusammenfassen, was schon gesagt wurde. Ich thue dieses deswegen, um dem Gedächtnisse Vieler zu Hülfe zu kommen und sie mit der Natur des Weinstockes vertrauter zu machen.

1. Die Rebe wächst in freiem Zustande in warmen Ländern, wie z. B. in Kleinasien, Griechenland zu einem ansehnlichen Baum. Bei uns ist sie nur ein Strauch.

2. Die Rebe hat die Eigenschaft, sehr leicht Wurzel zu schlagen; jeder abgeschnittene Theil ist fähig, in den Boden gelegt, Wurzeln hervorzubringen. Der Wein hat eigentlich keine Pfahlwurzel, aber dafür eine Menge sehr feiner Haarwurzeln, welche zum Theil sehr seicht gehen. Zum Behufe der besseren Bearbeitung des Bodens sollen im Frühjahre dem Weinstock die obern Wurzeln immer weggenommen werden, wodurch die übrigen Wurzeln gezwungen werden, tiefer zu gehen.

3. Das Holz der Rebe ist sehr locker und mit einem starken Mark versehen, daher bewegt sich der rohe Saft im Frühjahre mit weit größerer Geschwindigkeit als bei andern Pflanzen. In 12 Stunden soll der Saft bei der Rebe 38 Zoll hoch steigen. Darum werden die Reben nur dann erst recht fruchtbar, wenn sie zur Erde gebogen werden, weil dadurch der Saftzufluß gemindert wird und er sich gehörig in die Augen vertheilen kann.

4. Die Rebe hat einen großen Blätterreichthum. Dieser ist ihr nothwendig, um den vielen zugeführten Saft verarbeiten und das darin enthaltene viele Wasser verdunsten zu können; aber sie kann mit diesen Blättern auch wieder so viele Nahrung aus der Atmosphäre einsaugen, daß sie selbst auf einem mageren und trockenen Boden gedeihen kann.

5. Da die Rebe sehr saftreich ist, so strömt im Frühjahre sehr viel Saft aus den Schnittwunden. Dieses Ausfließen läßt aber nach, so wie die Rebe selbst Triebe macht oder der Saft ins Stocken geräth wie im Herbst. Daher ist der Herbstschnitt dem Frühjahrschnitt vorzuziehen.

6. Die äußere Rinde löst sich von der Rebe in gesundem Zustande in ganzen Fäden sehr leicht ab, im kranken Zustande liegt sie fest an.

7. Der Weinstock hat verhältnißmäßig sehr große Augen. Sie werden nur am diesjährigen Holze hinter dem Blattstiele erzeugt und treiben erst im folgenden Jahre.

8. Die spitzen Knospen machen nur Triebe mit Laub; die mehr viereckigen Knospen bringen auch Früchte hervor. Jene nennt man Laubaugen, diese Fruchtaugen. Beide sind äußerlich mit Schuppen und Wolle bedeckt und lassen innerlich eine grüne Farbe wahrnehmen. Die erfrorenen Knospen sind inwendig mehr oder weniger braun.

9. Die Trauben treiben nicht unmittelbar aus den Augen hervor, sondern es erscheint erst ein Trieb mit einigen Blättern, und darauf folgen erst die Trauben.

10. Dieser Trieb verlängert sich weit über die 1—2 an ihm angesetzten Trauben hinaus; er kann viele Schuhe lang werden.

11. An diesem verlängerten Triebe bilden sich zwischen dem Blattstiel und den Augen auch noch kürzere Nebentriebe in demselben Jahre hervor.

12. Diese Nebentriebe haben die wichtige Bedeutung,

daß sie zur vollkommeneren Entwicklung des hinter ihnen stehenden Auges beitragen; sie sind also nicht als Räuber zu entfernen, sondern bis zum Herbste stehen zu lassen. Werden sie zu lang und drohen sie den Haupttrieb zu überwachsen, dann können sie etwas eingekürzt werden.

13. Dieses Ueberwachsen wird selten und nur in dem Falle geschehen, wenn die Hauptrebe, an welcher sie sich befinden, im ersten Jahre so viel als möglich senkrecht emporgezogen wird. Da sich die Rebe nicht selbst in der senkrechten Richtung hält, so muß sie angeheftet werden, in welchem Falle sie länger wächst, als wenn sie sich selbst überlassen sich nach irgend einer Seite herabbeugt, wodurch sie den Weinstock zu dessen Nach= theile beschattet.

14. Die Folgen einer mehr senkrechten Anheftung und des Herabhängens sind verschieden. Die senkrecht gezogene Rebe wird länger und stärker, die Augen stehen weiter aus= einander, die Seitentriebe an den Angen überwachsen nicht so leicht den Haupttrieb. Bei herabhängenden Reben stehen die Augen näher aneinander, die Nebentriebe überwachsen sehr häufig den Haupttrieb; dadurch und durch das Herabhängen wird der Haupttrieb selbst kürzer und schwächer. Es kommt aber bei der Weinkultur vorzugsweise auf kräftige jährige Triebe viel an.

15. Damit der jährige Trieb besser sich verholze und aus= reife, wird er im Monat September etwas Weniges einge= kürzt. Auf seine vollkommene Ausbildung ist sorgfältig zu sehen, da er die Fruchtruthe für das künftige Jahr liefert; denn nur der jährige Zweig macht und hat Augen. Die Rebe, aus welcher der Jährling hervorgesprossen, macht und trägt keine Augen mehr; sie ist fernerhin nur Trägerin von andern Reben. Insofern sie dies nicht ist, muß sie ent= fernt werden, und ihre Stelle nimmt eine junge Rebe mit Augen ein. Die derartige Erziehung des Weinstockes, daß

man am rechten Orte immer neues Fruchtholz erzieht, um so viel als möglich von dem alten, abgetragenen Holze entfernen zu können, ist eine große Kunst, und die Meisterschaft beweist sich dadurch.

16. Die diesjährig gezogene Fruchtrebe muß im künftigen Frühjahre an dem Geländer eine solche Lage erhalten, daß alle ihre Augen Trauben entwickeln. Dies wird sie nur dann, wenn sie in eine horizontale, noch sicherer, wenn sie in eine nach unten gebogene Lage gebracht wird. Sie wird dann gewöhnlich so viele Triebe entwickeln, als sie Augen hat, und an jedem Triebe werden 1—2 Trauben erscheinen.

17. Da man für jene Fruchtrebe im künftigen Jahre einen Ersatz haben muß, d. h. eine neue Rebe, aber auch nur eine einzige Rebe von fast derselben Länge, so wird man dafür Sorge tragen müssen. Die schönste Rebe wird immer diejenige werden, welche an dem Ursprunge der vorjährigen Rebe oder nicht weit davon hervortreibt; sie enthält den ersten und meisten Saft, treibt also auch am stärksten und steht am rechten Platze, um im künftigen Jahre als Ersatz für die abgetragene Rebe zu dienen.

18. Da man für jede tragende Rebe nur eine Rebe als Ersatz im künftigen Jahre braucht, so kürzt man alle anderen Triebe bis auf 2 Blätter über der obersten Traube ein. Jene Triebe, welche keine Trauben haben, bricht man aus. So kommt aller Saft in der Rebe den Trauben und der einen, als künftige Fruchtruthe emporzuziehenden Rebe zu Gute.

19. Hat man für die letztere als neue Rebe für's künftige Jahr während des ersten Jahres keinen Raum, um sie senkrecht emporzuziehen, so zieht man sie gerade über ihrer Mutterrebe, aus welcher sie entsprungen, hin und heftet sie an. Im folgenden Herbste oder Frühjahre wird die Mutterrebe bis zu ihrer Tochter abgeschnitten, und letztere tritt an die Stelle der ersteren. So fährt man alle Jahre fort und

sorgt dafür, daß man jedes Jahr Tragreben hat, die man im vorigen Jahre dazu erzog.

20. Der Weinstock ist eine Pflanze, welche sehr stark wuchert, besonders wenn der Boden kräftig und feucht ist. Er treibt durch den Sommer auch ohne Augen eine Menge Nebentriebe. Jene, welche keine Trauben haben und man nicht gebrauchen kann zur Ausfüllung einer Lücke, bricht man durch den Sommer aus. Braucht man einen solchen Nebentrieb zur Ausfüllung einer Lücke, so schneidet man ihn im Herbste oder Frühjahre bis auf 2 Augen zurück und läßt nur einen Trieb fortwachsen. So erhält man wieder eine starke, kräftige Rebe als Fruchtruthe fürs künftige Jahr. Eine solcher bis auf 2 Augen zurückgeschnittener Nebentrieb heißt ein Zapfen.

21. In unserm rauheren Klima reift der Wein nur dann gut aus, wenn er hinter sich eine Wand hat, oder wenn die Trauben sehr nahe an dem Boden erzogen werden.

Druck von Bär & Hermann in Leipzig.

Durch alle Buchhandlungen sind folgende von der Kritik als durchaus praktisch empfohlene Schriften von
Friedr. Aug. Pinckert,
zu beziehen:

Der Winterraps als Futter= u. Samenpflanze. Preis 7½ Sgr.

Die Lupine als bodenbereichernde Samen=, Futter= u. Grün= düngungspflanze. Preis 10 Sgr.

Die Futter- und Zuckerrunkelrübe. Preis 10 Sgr.

Die Futter- und Speise-Möhre. als Futter u. Nah= rungsmittel für Vieh= und Hauswirthschaft. Preis 7½ Sgr.

Bastardklee, Sandluzerne und Esparsette als boden= bereichernde Futterkräuter. Preis 10 Sgr.

Der Mais. Benutzung als Körnerfrucht u. Culturpflanze. Preis 10 Sgr.

Der Taback als einträgliche Fabrikpflanze. Preis 9 Sgr.

Die Zucker-Moorhirse als Futterpflanze.

Die Serradella. als Ersatzmittel d. Kleebaues für Sandboden. Preis für Beide 10 Sgr.

Der Krapp und die Weberkarde. Preis 10 Sgr.

Die Topinambur als Futterkraut und Knollengewächs. Preis 10 Sgr.

Der Hopfenbau in seinem höchsten Ertrage nach den neuesten Fortschritten u. praktischen Erfahrungen. Preis 12 Sgr.

Der Lein und Flachs. Preis 12 Sgr.

Die Futtergräser u. Futter=Gewürzkräuter. Preis 15 Sgr.

Der Guano, auf Grund der bewährtesten Erfahrungen und nach den besten Quellen bearb. v. Carl Vogel. 8. broch. Zweite billige Ausgabe. Ladenpr. 12 Sgr.

Die Maulbeerbaumzucht als nothwendige Grundlage zu einer rationellen Seidenzucht, nebst Angabe des richtigen Maul= beerbaumschnittes. Bearbeitet auf Grund vieljähriger praktischer Erfahrungen von A. F. Voigt, Kantor und Lehrer in Behler bei Plaue a. d. Havel. Mit 9 in den Text gedruckten Holz= schnitten. Preis 7½ Sgr.

Der Kartoffelbau nach einer neu entdeckten einfachen Methode, durch welche nicht allein die reichsten Ernten erzielt werden, sondern auch die oft wiederkehrende Kartoffelkrankheit sicher und gründlich geheilt wird. Von Louis Beyer, Agronom und vormaliger Gutsbesitzer. Mit 1 Abbildung. Preis 10 Sgr.

Verlag von E. Schotte u Co. in Berlin und in allen Buchhandlungen zu haben:

Die rationelle Aufzucht der Kälber.

Auf Grund der Wissenschaft und Erfahrung. Nebst einer Einleitung über Viehzucht im Allgemeinen. Von Carl Fischer. 8. broch. Ladenpreis 12 Sgr

Die zehn Gebote der Obstbaumzucht.

Für alle Freunde der Obstbaumzucht, insbesondere Landwirthe, Gärtner und Lehrer, wie für Acker-, Gartenbau und Volksschulen v. Karl Fischer, Pfarrer i. Kaaben u. Böhmen. 8. broch. Ladenpr. 15 Sgr.

Handbuch der rationellen Obstzucht und Obstbenutzung. Von Karl Fischer, pens. Pfarrer zu Kaaben in Böhmen u. Mitglied mehrerer landwirthschaftl. Vereine. Mit 19 Original-Abbildungen. Zugleich als zweiter Theil der „Zehn Gebote der Obstbaumzucht."

Der Hausthierarzt auf dem Lande.

Ein Noth- und Hilfsbüchlein für alle Viehbesitzer, welche die am häufigsten vorkommenden Krankheiten der Pferde, des Rindviehes, der Schafe, Ziegen und Schweine durch die bewährtesten und erprobtesten allopatischen und homöopathischen Heilmittel auf die leichteste, wohlfeilste und sicherste Art selber heilen wollen. Von E. Schwarzmantel. 8. gebunden. Ladenpreis 12 Sgr. Die Kritik empfiehlt dieses Buch als das beste Vieharzneibuch.

Des Landwirths goldenes Schatzkästlein.

Erfahrungen und Beobachtungen aus der landwirthschaftlichen Praxis, durch deren Befolgung Wohlstand und Reichthum sicher erzielt wird. Mitgetheilt für Landwirthe jeden Standes, insbesondere zu Nutz und Lehr des kleinern Landwirths, sowie zur Belebung und Förderung der bäuerlichen landwirthschaftlichen Vereine
Von E. Schwarzmantel.
8. broch. Ladenpreis 12 Sgr.

☞ **Wichtiges Buch für Haus und Familie!** ☜